VENTE
Du Vendredi 17 Février 1905
HOTEL DROUOT, SALLE Nº 9
à deux heures
Exposition publique, le Jeudi 16 Février 1905
DE 2 HEURES A 6 HEURES

TABLEAUX MODERNES

ET

ANCIENS

COMMISSAIRE-PRISEUR
Mᵉ GEORGES BONNAUD
23, rue Le Peletier

EXPERTS
MM. PAULME & B. LASQUIN FILS
10, rue Chauchat | 12, rue Laffitte

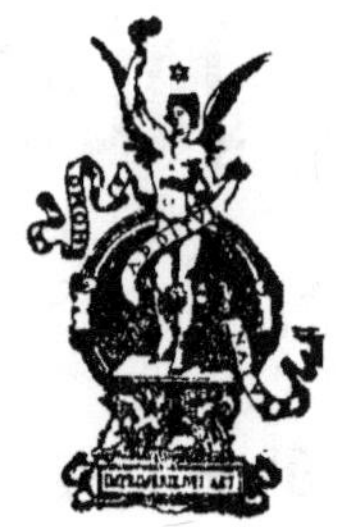

CATALOGUE

DES

TABLEAUX MODERNES

ET ANCIENS

PAR OU ATTRIBUÉS A :

ABBÉMA, BACON, BARILLOT, BARRY, BECK, BOETZEL,
BUHLER (Z.), CAILLEUX (T. DE), CHATEIGNON,
DAUBIGNY (K.), DESGOFFE (B.), DUPUIS (P.), FALERO, FLOUR (J.),
GARRIDO, GUDIN, LAGARDE, LEFEBVRE (JULES), LENOIR,
MELCHERS (F.), MIGNARD, PELOUSE,
RAPHAEL (D'APRÈS), RICHER, ROBAUDI, ROUX-RENARD, SCHENCK,
TIMMERMANS, VERNIER, ETC., ETC.

Dont la vente aux enchères aura lieu

HOTEL DROUOT, SALLE N° 9

LE VENDREDI 17 FÉVRIER 1905

A DEUX HEURES

COMMISSAIRE-PRISEUR	EXPERTS
Me GEORGES BONNAUD	MM. PAULME et B. LASQUIN FILS
23, rue Le Peletier	10, rue Chauchat | 12, rue Laffitte

Chez lesquels se distribue le présent Catalogue

EXPOSITION PUBLIQUE

Le Jeudi 16 Février 1905, de 2 heures à 6 heures

CONDITIONS DE LA VENTE

Elle sera faite au comptant.

Les acquéreurs payeront *dix pour cent* en sus des prix d'adjudication.

Paris.—Imp. de l'Art, E. MOREAU et Cⁱᵉ, 41, r. de la Victoire.

DÉSIGNATION

ABBÉMA (Louise)

1 — *Pavots en fleurs.*

BACON (Henry)

2 — *Le Départ.*

BACON (Henry)

3 — *Le Retour.*

BARILLOT (Léon)

4 — *Vaches au pâturage.*

BARRY (F.)

(Elève de E. Meissonier)

5 — *Fête annuelle des Chevaliers-Gardes dans
le manège de Saint-Pétersbourg.*

BECK (J.)

6 — *La Mare au Diable.*

BOETZEL (ErNEST)

7 — *Les Baigneuses.*

BUHLER (ZUBER)

8 — *La Leçon d'alphabet.*

CAILLEUX (TERNANTE DE)

9 — *Jeune Fille au violon, assise sur la ter-
rasse de Monte-Carlo.*

Tableau de l'auteur des Peintures du Tir aux
pigeons de Monte-Carlo, de plusieurs tableaux de
l'église de Monaco, etc.

CHARDIN (Genre de J.-B.-S.)

10 — *Nature morte.*

CHARPIN (A.)

11 — *Bergère et son troupeau au pâturage.*

CHATEIGNON (E.)

12 — *Femme couchée.*

DAUBIGNY (K.)

13 — *Paysage avant l'orage.*

DELANGLE

14 — *Paysage; bord de rivière; le Printemps.*

DELANGLE

15 — *Paysage; bord de rivière; l'Été.*

DESGOFFE (Blaise)

16 — *Vase et Objets d'art de la Renaissance.*

DUPUIS (Pierre)

17 — *Jeune garçon assis sur la falaise; Côtes de Bretagne.*

ÉCOLE ANGLAISE

18 — *L'Enfant aux cerises.*
Pastel.

ÉCOLE ESPAGNOLE

19 — *Sainte Madeleine.*

ÉCOLE ITALIENNE

20 — *L'Art de la comédie.*

FALERO

21 — *Le Jour.*

FALERO

22 — *La Nuit.*

FLOUR (Jules)

23 — *Le Printemps; en Provence.*

FLOUR (Jules)

24 — *L'Été; en Provence.*

FLOUR (Jules)

25 — *Garçon et Fillette cueillant des pommes; en Provence.*

GARRIDO (E.-L.)

26 — *La Leçon de danse.*

En costume Louis XV.

GUDIN (J.-T.)

27 — *Le Rocher de la Bardine; marine.*

(Collection du Comte de R***).

GUILLEMINET

28 — *Bergerie.*

HERVIER (A.)

29 — *Ile d'Épinay ; effet du matin.*

ISABEY (J.-B.)

30 — *Portrait de Ch.-Ferd. d'Artois, Duc de Berry.*

LAGARDE (LÉONARD)

31 — *Le Printemps ; paysage.*

LAGARDE (LÉONARD)

32 — *L'Été ; paysage.*

LEFEBVRE (JULES)

33 — *Psyché dans sa grotte attendant son époux.*

LENOIR

34 — *Vue prise à Montereau ; paysage.*

LENOIR

35 — *Vue prise à Villette (Seine-et-Oise) ; paysage.*

LE ROY (Jules)

36 — *Famille de Chats.*

MELCHERS (F.)
(Artiste américain)

37 — *Souvenir de l'Exposition de 1900.*
Six pastels lumineux.

MELCHERS (F.)

38 — *Le Jardin du Luxembourg.*

MELCHERS (F.)

39 — *Le Parc de Versailles.*

MELCHERS (F.)

40 — *Solitude.*

MIGNARD (D'après P.)

41 — *Portrait de la Comtesse de Feuquières (Catherine, fille de Mignard).*
Haut.., 1 m. 20 cent.; larg., 90 cent.

MIGNARD (D'après P.)

42 — *Deux bustes de femmes, sur la même toile.*
Cadre en bois sculpté.

NATTIER (Genre de J.-M.)

43 — *Portrait d'Homme.*

ORLEY (D'après Bernard Van)

44 — *La Flagellation.*
Cadre en bois sculpté.

PELOUSE

45 — *La Seine à Posos (Eure).*
Tableau d'exposition.

PELOUSE

46 — *Paysage avec chardons.*
(*Vente de l'artiste.*)

RAPHAEL SANSIO (D'après)

47 — *Portrait du Pape Jules II.*
D'après l'original des Offices à Florence.

RICHER (V.)
(Mort en 1867)

48 — *Nature morte.*
Belle composition.

RIGAUD (Genre d'H.)

49 — *Portrait d'Homme.*

ROBAUDI (A. Th.)

5o — *Sur la plage au Tréport ; marine.*

ROUX-RENARD

51 — *La Promenade dans le parc.*

ROUX-RENARD

52 — *Jenny la Blonde.*

ROUX-RENARD

53 — *La Femme idéale.*

ROUX-RENARD

54 — *Salomé.*

SAUVETERRE (H.)

55 — *Jeune Fille de Provence.*

SCHENCK

56 — *Les Chèvres.*
Tableau d'exposition.

TIMMERMANS

57 — *Sur la grève à marée basse.*

TITIEN (École du)

58 — *La Vierge, l'Enfant Jésus et Saint Jean-Baptiste.*

Cadre en bois sculpté.

VERNIER (Émile)

59 — *Vue de Cannes ; marine.*

VERNIER (Émile)

60 — *Vue de Menton ; marine.*

61 — Sous ce numéro, les tableaux omis au présent Catalogue.